AF456544

LA FLÈCHE

AU XVIIe SIÈCLE

LA GUERRE DES GRENOUILLES. — LES BARONS FLÉCHOIS

CONFÉRENCE

FAITE A L'HÔTEL DE VILLE LE SAMEDI 17 FÉVRIER 1872
EN FAVEUR DES PAUVRES

Par H. SEMERY

BIBLIOTHÉCAIRE DU PRYTANÉE MILITAIRE

VENDUE AU PROFIT DE LA SOUSCRIPTION NATIONALE

Lk7
15898

LA FLÈCHE,
IMPRIMERIE ET LITHOGRAPHIE BESNIER-JOURDAIN.

1872

[illegible]

[illegible]

[illegible]

[illegible]

[illegible]

[illegible]

[illegible]

[illegible]

[illegible]

[illegible]

[illegible]

Mesdames,

Messieurs,

C'est le privilége des conférenciers de transporter leur auditoire là où il leur plait, absolument comme s'ils avaient à leur disposition le manteau d'Asmodée.

Les aimables conteurs qui m'ont précédé vous ont ainsi fait voyager à travers l'Allemagne et même jusqu'en Cochinchine. Moi, Mesdames, j'ai la prétention de vous ramener, *par le même procédé*, aux bords du Loir. J'ai pensé qu'une simple promenade entre les deux collines de Saint-Germain et de Sainte-Colombe pourrait vous procurer une honnête distraction, et je me risque à vous dire — ce n'est pas sans crainte, croyez-le — comme un voyageur aussi illustre que timide : « COURAGE DONC, PARTONS ET DAIGNEZ ACCOMPAGNER VOTRE TRÈS HUMBLE CICERONE. »

Il va de soi, Mesdames, que je ne vais point vous faire la description du pays fléchois. Les côteaux, la vallée, la rivière, la ville, vous voyez cela tous les jours; les moindres recoins vous sont familiers. Pareillement il ne saurait entrer dans mes intentions de vous présenter les uns aux autres. Tous vous vous savez sur le bout du doigt, comme de bons voisins; et quant aux choses du jour, je n'aurais pour sûr rien à vous apprendre.

Mais le temps passé, voilà ce que tout le monde n'a ni le loisir ni le moyen d'étudier; et, pourtant, il y a non-seulement un véritable intérêt, mais c'est comme un devoir respectueux de chercher à connaître ceux qui nous ont précédés sur le coin de terre où la Providence nous fait vivre à notre tour.

Nous allons donc causer ce soir du passé de notre bonne petite ville, et quelles que soient les défaillances du débutant, le sujet, j'en suis certain, va me procurer jusqu'au dernier instant votre bienveillante attention.

Dans l'histoire de La Flèche, le XVIIe siècle a sa place d'honneur. C'est l'époque féconde et curieuse que je voudrais étudier avec vous, mais permettez-moi de vous dire quelques mots, en manière d'introduction, sur les siècles antérieurs.

Un infatigable chercheur prépare à l'heure qu'il est l'histoire complète de La Flèche, et achèvera ainsi ce que le regrettable

J. Clère avait si bien commencé. Les quelques faits et les noms que je vais vous signaler, loin de déflorer le sujet, vous donneront envie de connaître les choses par le menu.

Les documents font défaut pour établir, d'une façon précise, les origines de La Flèche avant le XIe siècle. Qu'elle ait été station, lieu de passage à l'époque gallo-romaine, c'est au moins probable; les monnaies, les terres cuites trouvées et la voie venant aboutir de l'Aubinière au gué de Verron en feraient foi. Mais l'établissement d'un château sur le Loir attira, comme dans des milliers d'autres lieux, une assez nombreuse population à l'abri de ses murailles. C'est là le commencement sérieux de notre ville. Qu'elle ait eu trois paroisses : St-Barthélemy, actuellement Notre-Dame-des-Vertus; Notre-Dame-de Chef-du-Pont, sur l'emplacement où a été bâtie la chapelle des Carmes, et enfin St-Thomas, j'incline à penser que la population de La Flèche n'a jamais été supérieure à celle que nous lui voyons maintenant.

Le régime féodal la fit passer d'une maison dans une autre pendant plusieurs siècles; c'est l'histoire de tous les fiefs, grands et petits.

La maison de Beaugency est la première en date. Jean, second fils de Lancelin de Beaugency, porta le premier le nom de La Flèche. Son fils. Hélie de La Flèche, donna à ce nom un subit éclat par l'acquisition qu'il fit du comté du Maine et par ses luttes contre les princes alors les plus puissants de la Chrétienté. Guillaume-le-Conquérant, duc de Normandie, et Guillaume-le-Roux, son successeur.

Hoël, évêque du Mans, avait pris parti pour le roi d'Angleterre; Hélie le fit enlever dans le cours d'une visite pastorale, et le tint assez longtemps prisonnier en son château de La Flèche.

Avant la reconstruction du pont des Carmes, on montrait dans les ruines de l'antique donjon le trou par lequel — suivant la tradition — Hoël s'était évadé en se laissant glisser dans le Loir.

L'évêque se réconcilia avec son suzerain, et le 16 novembre 1093, on voit Hélie présider à la consécration de la cathédrale du Mans.

Hélie restera dans l'histoire comme une des grandes figures de la féodalité. Wace l'a chanté dans le roman de Rou :

« Hélies fut de grant poeir
« Mult eut grant terre è grant aveir,
« Mult le prisoent è amoent
« E à seignor le désiroent.

Sa fille unique, Héramburge, fut une si grande héritière, que son renom durait encore au XVe siècle et lui valait l'honneur de figurer dans la fameuse ballade de Villon, entre Berthe au grand pied et Jeanne d'Arc :

« Berthe au grand pied, Biétris, Allys,
« Harambouges qui tint le Maine,
« Et Jehanne, la bonne Lorraine,
« Qu'Angloys bruslèrent à Rouen.
« Où sont-ils, Vierge Souveraine?
« *Mais où sont les Neiges d'Antan?*

Mariée à Foulques d'Anjou, Héramburge fut la mère de Geoffroy Plantagenet, père de Henri II, roi d'Angleterre.

Cette puissante dynastie des Plantagenets se rattache ainsi intimement à l'histoire locale de La Flèche par son origine la plus directe; c'est un point à mettre tout particulièrement en relief. Nous verrons bientôt ce petit coin de terre devenir le berceau d'une autre race royale bien autrement illustre encore.

Le comte Hélie avait fait reconstruire Saint-Thomas; sa fille fonda le prieuré de la Fontaine-St-Martin et Geoffroy Plantagenet le prieuré de St-Jacques. C'est à Henri II, d'Angleterre, sixième seigneur de La Flèche, qu'est due la fondation du petit prieuré de St-André et celle de l'abbaye de Mélinais. Je vous renvoie à J. Clère pour la légende de Mélinais, qui est des plus intéressantes.

A la mort de Richard-Cœur-de-Lion, la seigneurie de La Flèche entre dans la maison de Beaumont. Marie Chamaillard, vicomtesse de Beaumont, Dame de La Flèche, épouse Pierre II, comte d'Alençon; leur fils, Jean Ier, réunit en 1404 les deux seigneuries d'Alençon et de La Flèche.

Rien à relever, pour les chroniques locales, dans cette longue série de possesseurs qui, du XIIe au XVIe siècle, ne s'occupent guère de leur terre de La Flèche que pour en percevoir les revenus. J'ai hâte d'arriver, et vous encore plus sans doute, Mesdames, au XVIIe siècle, objet tout particulier de cette conférence. Mais je suis en vérité obligé de m'arrêter quelques instants à celui qui l'a précédé, à ce XVIe siècle qui a remué tant d'idées, qui a si fort bouleversé le monde, et, par tant de côtés, est si proche cousin du nôtre, qu'on serait tenté de croire que nous le recommençons. Dans ce grand mouvement de faits, dans cette suite de personnages qui y tiennent les premiers rôles, La Flèche devait avoir sa part, et vous verrez qu'elle ne fut pas petite.

La sœur de François Ier, la Marguerite des Marguerites, avait épousé Charles, duc d'Alençon, dix-neuvième seigneur de La Flèche. Charles meurt sans enfants, et tandis que Marguerite, mariée en secondes noces à Henri d'Albret, roi de Navarre, en a une fille qui sera la fameuse Jeanne d'Albret, d'autre part, Françoise d'Alençon, succédant à son frère Charles, dans la vicomté de Beaumont et la seigneurie de La Flèche, se marie à Charles de Bourbon, duc de Vendôme. Elle en a un fils, Antoine de Bourbon qui va prendre pour femme Jeanne d'Albret, déjà rattachée si étroitement par sa mère Marguerite à notre pays. De leur union naîtra Henri IV.

Ainsi, les deux grand'mères de Henri IV avaient été successivement Dames de La Flèche; ce rapprochement vous paraîtra sans doute, comme à moi, digne de remarque.

Françoise d'Alençon et l'année 1543, voilà un nom et une date qui ouvrent pour La Flèche une ère nouvelle et, selon l'expression de Burbure, lui valurent un accroissement de puissance qui l'éleva au second rang des villes de la province d'Anjou. Françoise d'Alençon obtint donc en 1543, du roi François Ier, l'érection en Duché-Pairie de sa terre de Beaumont et la création à La Flèche d'un siége de justice. Dès l'année 1538, Françoise d'Alençon, devenue veuve, venait se fixer dans notre ville pour y passer, dans la pratique de toutes les vertus, les dernières années de sa vie; mais, comme le château bâti sur le Loir, à demi ruiné, n'était plus habitable, elle fit élever ce qu'on appela le Château-Neuf. C'est le Prytanée, c'est-à-dire une partie seulement de la cour d'honneur.

Antoine de Bourbon, fils de Françoise d'Alençon, y vint avec Jeanne d'Albret en février 1552; leur séjour se prolongea jusqu'à la fin de mai 1553. Henri le Grand étant né le 13 décembre de la même année, les Fléchois ont assurément quelque droit à revendiquer comme leur compatriote celui que les historiens ont surnommé le Béarnais.

A côté de ces illustrations princières, ainsi mêlées à l'histoire de La Flèche, saluons en passant quelques noms de poètes.

Vous avez tous fait votre pèlerinage à la Cour-des-Pins; vous avez déchiffré la devise que pour vous, Mesdames, je traduis du grec, la langue d'alors : *Hâte-toi lentement;* examiné avec curiosité les poutres sculptées et la grande cheminée du manoir de Lazarre de Baïf. C'est là, en effet, qu'est né, au commencement du XVIe siècle, l'illustre ambassadeur de France à Venise. Baïf commença la fortune de Ronsard en l'emmenant, à seize ans, avec lui en Allemagne. Antoine de Baïf, son fils, fut l'intime ami du *prince des poètes françois.* Mais Ronsard, à un autre titre, devait être cité ici : il a tant célébré le **Loir** *tard à la fuite.* Mes chants, dit-il :

« Le feront tel, que partout l'univers
« Se cognoistra renommé par mes vers.

Et dans la strophe suivante, que je vous demande la permission de citer, ne fait-il pas des mœurs douces et honnêtes de notre pays une peinture toujours vraie heureusement :

« La justice grand'erre
« S'enfuyant d'ici-bas,
« Imprima sur ta terre
« Le dernier de ses pas,
« Et s'encore à cette heure
« De l'antique saison
« Quelque vertu demeure
« Tu es bien sa maison.

La louange est délicate. Ce n'est pas la seule qui dans l'œuvre de Ronsard pourrait agréablement chatouiller des oreilles fléchoises ; mais à ceux *ou à celles* qui seraient tentés d'y aller voir, je conseillerais préalablement de faire ample provision de patience.

Mesdames, j'ai maintenant à vous présenter un fléchois, plus fléchois que tous les autres. De cœur et d'âme il le fut toute sa vie et voulut l'être après sa mort. Il s'agit, vous le dévinez, de Fouquet de La Varenne, un des plus curieux personnages de cette époque qui a tant *buriné de portraits pour l'histoire.*

La ville de Saumur s'est décidée bien tardivement, il y a quelques années à peine, à donner à l'une de ses rues le nom de Duplessis-Mornay, le grand homme qui devrait avoir sa statue dans une ville dont il avait *assuré la gloire et le profit.*

Fouquet de La Varenne attend, lui aussi, qu'on lui rende justice dans sa ville natale. Et pourtant La Flèche lui doit tout, oui tout ; sur ce point je ne crains pas d'être démenti ; tout ce qui a fait sa renommée dans le passé, ce qui soutient sa prospérité actuelle.

Il suffit d'une méchante langue pour ternir les plus belles réputations. Fouquet est une des victimes de Saint-Simon, mais on le trouve déjà déchiré à chaque page de L'Estoile et de Tallemant des Réaux. Messieurs, il faut avouer qu'il est là en nombreuse et très illustre compagnie. Le Porte-Manteau du Roi vert-galant pour avoir rendu, je ne le nie pas, certains services à son maître, est-il donc le seul coupable ? Les plus grands noms fourmillent autour de l'alcôve royale. Mais les indiscrétions de l'histoire, qui sont autant de justifications pour Fouquet de La Varenne, ne peuvent trouver place ici.

D'un mot seulement on peut faire crouler l'échafaudage de méchancetés : les courtisans ne purent jamais pardonner au favori de s'être si fort avancé dans les bonnes grâces, disons mieux, dans l'amitié du maître, malgré sa naissance obscure, par la seule force de son mérite et des services rendus. Le mot de la princesse Catherine : « Tu as plus gagné à porter les poulets de mon frère qu'à faire rôtir ceux de ma cuisine, » très spirituel assurément, doit être mis au compte de quelque bon faiseur du temps. Fouquet ne fut jamais le marmiton de la princesse. Son père, maître d'hôtel de la maison de Navarre, appartenait déjà à la bonne et riche bourgeoisie de La Flèche. Que devient dès lors la tradition du petit pâtre déguenillé que le roi de Navarre rencontre dans la Garenne et adopte pour sa gentillesse? A reléguer au magasin des légendes apocryphes, avec la fable du corbeau qui poursuivra dans sa vieillesse Fouquet de La Varenne de ses appellations malsonnantes et le fera mourir de chagrin. A l'âge de quinze ans, un document en fait foi, il était étudiant à l'Université de Paris. Son père achetait pour lui une charge de sergent, qu'il revendait presque aussitôt, pour lui assurer sa survivance de maître d'hôtel. Tout jeune encore, il est attaché à la personne de Henri de Navarre. Il avait toutes les grâces du corps et de l'esprit, une instruction solide et variée, du zèle à toute épreuve, l'adresse et la fermeté nécessaires pour réussir dans les missions les plus scabreuses. En fallait-il plus pour le tirer de la foule et lui mériter la faveur croissante de son maître? Ajoutez un bonheur qui ne se démentit jamais. Son acte d'anoblissement met en relief cette bonne fortune qu'il eut d'être le premier à saluer Henri IV roi de France, à Saint-Cloud, comme il avait déjà été le premier à rapporter à ce prince un étendard enlevé à ses ennemis. Mais le même titre signale des services bien autrement importants. A Arques, Fouquet de La Varenne traverse seul, et à cinq reprises, les lignes ennemies, pour aller chercher du secours ; à Fontaine-Française, il détourne un coup destiné au roi. Il va en Espagne chargé de missives dérobées à Mayenne, voit l'infante Claire-Eugénie, a plusieurs entretiens de Philippe II, qui s'ouvre à lui comme au fidèle messager du chef de la ligue, et revient sain et sauf avec cette bonne provision de secrets utiles à Henri. Au péril de sa vie, il s'introduit dans Paris pour ménager avec Brissac la reddition de la capitale. Le légat disait : « Il n'y a qu'à faire agir les Jésuites pour obtenir tout de Brissac. »

Il y a fort à parier que par ses relations de vieille date avec les révérends pères ce fut La Varenne lui-même qui amena les ligueurs à choisir pour gouverneur l'homme qui devait ouvrir les portes de leur ville. La récompense du reste ne se fit pas attendre, et une des premières signatures que donna Henri, après son entrée, assura à Fouquet un droit sur toutes les pièces d'orfèvrerie fabriquées ou vendues dans Paris.

Ne vous en ai-je pas dit assez pour vous obliger au moins à suspendre votre jugement sur Fouquet de La Varenne? Par exemple, une chose qui doit être ici proclamée bien haut, c'est, comme je vous le disais, son ardent amour pour sa ville natale. Voilà un homme qui, tout enfant, a quitté la maison paternelle pour s'en aller étudier à Paris, puis suivre à tous les bouts de la France la fortune aventureuse de son maître, et malgré tout, le souvenir de la terre natale en lui est si vif, qu'il ne rêve qu'une chose, entretenir les mêmes sentiments dans le cœur de Henri et lui inspirer tous les projets qui devaient tirer La Flèche de son obscurité.

Il y fit créer successivement un grenier à sel, un présidial, le siége d'une prévôté, l'hôtel de ville, la milice bourgeoise.

« Voulons, disent les lettres de création du présidial, datées de Lyon 1595, décorer de titres et qualités d'honneur notre ville de La Flèche, sise en pays fertile, accompagnée de grandes facilités, et sur un grand et fertile passage de nos provinces de Bretagne, Touraine, Anjou, le Maine et notre bonne ville de Paris; joint que ladite ville et son château sont de présent bien fortifiés pour la sûreté de nosdits sujets.

« Reconnaissant davantage que, pour la singularité du lieu et commode assiette d'icelui, nos très honorés pères, roi et reine de Navarre, dame de Vendôme, et nous après eux, à leur imitation aurions voulu honorer ledit lieu de notre demeure, n'ayant aucun lieu en notre dit duché de Beaumont, qui soit bâti et accompagné de telles commodités. »

Mais La Varenne méditait pour La Flèche une autre création qui, dans sa pensée, devait lui procurer un bien plus grand lustre encore.

Il avait été fait conseiller d'Etat, général des Postes, gouverneur d'Angers et de La Flèche; son crédit était à son comble. Les Jésuites bannis du ressort du Parlement de Paris et qui avaient échoué dans toutes leurs tentatives pour rentrer en grâce, recherchèrent l'appui de Fouquet de La Varenne. Ce dernier se donna tout entier à eux. Pour qu'Henri IV voulût résolument cette réconciliation, malgré tant d'obstacles accumulés par l'opposition déclarée du Parlement et des plus vieux amis du Roi, il fallait ramener de bien loin le prince qui, dans son adresse au clergé, — 1er janvier 1586, — avait écrit : « On m'a pourchassé beaucoup de mal ; je ne le veux imputer à tous en général. Je veux croire que c'est le complot de quelques-uns poussés d'ailleurs, peut-être de l'inspiration de quelques jésuites, semence d'Espagne, ennemis du bien de cet Estat. » (*Mémoires de la Ligue*, t. Ier, p. 482.)

La Varenne parvint à écarter les dernières irrésolutions de Henri IV. Par lettres patentes, datées de Rouen 1603, les Jésuites furent rappelés et comme gage de réconciliation, le Roi leur donna *sa maison de La Flèche en Anjou*. S'il faut mesurer l'importance du service qu'en cette occasion Henri IV estima lui avoir été rendu par la Varenne, à la récompense qu'il y attacha, il y a lieu de penser que le Roi ne crut pas payer trop cher l'hostilité d'un ordre alors si actif et si puissant changée en un concours qu'il espérait désormais acquis à sa politique : Fouquet reçut comme gratification la terre de La Varenne, qui tire son nom de la Garenne ou Varenne des Sas.

Fouquet de La Varenne m'a fait marcher un peu trop vite. Il me faut revenir quelque peu en arrière pour dire un mot de la Ligue.

La Flèche, fief de la maison de Bourbon, tenait naturellement pour Henri de Navarre. Quelques familles de bourgeois avaient même embrassé la réforme, à l'imitation de leurs voisins de Baugé plus avancés dans le parti. Le seul fait de guerre à relever pour la chronique locale dans cet effroyable embrasement des luttes civiles et religieuses se trouve ainsi relaté dans Palma Cayet, T. 2, p. 334.

« Lansac, estant tousjours à l'erte pour entreprendre quelque chose de nouveau, avec trois cents bons chevaux conduits par les sieurs du Piedufort et de Commerondes frères, du Pin, de Launay et de Gennes, avec mille ou douze cents harquebuziers, s'achemina à La Flèche sur le Loir, au pays d'Anjou. Il print la ville et assiégea le chasteau, où le capitaine Moysiere, vieil soldat, s'estoit jetté dedans, lequel r'asseura le courage de Cotteblanche, qui y commandoit et vouloit rendre la place. Comme en mesme temps aussi le sieur de Malerbe, qui battoit l'estrade en ces quartiers là, avec vingt cuiraces et trente harquebuziers, se jetta dedans Gallerandes, chasteau fort appartenant au sieur de Clermont d'Amboise, dont Lansac avoit envie surtout de se saisir; mais, sçachant qu'il y avoit des gens de guerre dedans, il n'oza l'attaquer. »

« M. de La Rochepot, gouverneur d'Anjou pour le Roy, sur l'advis qu'il eut de la prise de la ville de La Flèche, se résolut, avec M. le marquis de Vilaines, de secourir le chasteau, et ledit sieur marquis en print la charge et conduitte avec quatre cents harquebuziers et soixante chevaux, lesquels vindrent d'Angers à Baugé, distant de quatre lieues de La Flèche, d'où ledit sieur marquis estant party les tambours battans, vint, la teste baissée, par le costé dudit Baugé, donner dedans le faux-bourg de La Beufferie, où il attaqua si rudement ceux de l'union, qu'ils se mirent en fuite pour se sauver dedans la ville, en telle épouvante, que plus de deux cents se noyèrent se pensans sauver par le pont et par les moulins qui sont sur la rivière du Loir. Ainsi le marquis, poursuivant sa pointe, reprit la ville de La Flèche, dont il chassa Lansac, qui y laissa pour gages trois cents des siens morts, et eust esté entièrement desfaict, si ledit sieur marquis eust eu lors avec luy plus grand nombre de cavalerie; car ledict sieur de Malerbe, estant sorty de dedans Galerandes avec quelques gentils-hommes du pays pour le suivre, taillèrent en pièces trois compagnies de gens de pied dans le village de Mezeray, quoy qu'ils se fussent retirez au presbytère, tant leur espouvante fut grande. »

Mais la France qui, selon l'expression de Ronsard, avait été *au bout de ses journées*, va enfin respirer avec l'édit de Nantes et la paix de Vervins. On pouvait redire, avec plus d'apropos encore, les vers que le même poëte avait adressés à la *Paix boiteuse*.

« La France t'attendoit
« Doulce nourricière des hommes :
« Tu as éteint tout l'ennui
« Des guerres injurieuses,
« Faisant flamber aujourd'hui
« Tes grâces victorieuses. »

Le prince qui l'avait signée cette heureuse paix de Vervins (2 mai 1598), dès le 18 venait en quelque sorte la notifier à sa bonne ville de La Flèche. Elle l'avait vu enfant poursuivre le cours de ses fortes études, jouer et chasser dans le petit parc du château neuf, puis en 1576 venir reprendre haleine après s'être échappé des mains de son beau-frère Henri III. « Mais maintenant, dit J. Clère, c'était le roi de France, victorieux de la « Ligue et de l'étranger, suprême pacificateur de son peuple et « n'aspirant plus qu'à en être le père. »

Après la Ligue la France qui avait paru épuisée, va renaître et assurer pour deux siècles son influence dans le monde.

Dans cette facilité pour notre patrie à se relever de ses ruines vous verrez comme moi, Messieurs, un juste sujet d'espérance!

Nous voici arrivés au seuil de ce XVIIe siècle, que je m'étais proposé pour principal objet d'un travail dans lequel je me suis laissé entraîner à donner aux faits antérieurs une trop large part.

Mon cadre se rétrécit immédiatement; je me renferme strictement dans la petite chronique locale, et autant que les documents me viendront en aide, j'essaierai de faire revivre pour vous la société fléchoise du temps.

Henri IV, en dotant la ville de La Flèche d'un collége, poursuivait deux buts : l'honneur et l'avantage d'une cité qui lui était chère, et le bien général du royaume.

Les PP. Jésuites y voyaient autre chose encore.

Il s'agissait pour eux de contrebattre l'établissement, en voie de formation à Saumur depuis quatre ans déjà, d'une académie protestante, pour laquelle Duplessis-Mornay recrutait des professeurs parmi tous les savants de l'Europe.

Par suite de la fondation du collége de La Flèche, l'Anjou eut ce très singulier privilége de posséder trois établissements de premier ordre, représentant fidèlement les trois opinions qui divisaient la France et le monde : Saumur, ardent foyer de calvinisme attirait à son académie les fils des grandes familles protestantes. La Flèche, asile des idées ultramontaines, exerçait la même attraction dans le monde catholique, et enfin l'antique université d'Angers restait la gardienne vigilante des doctrines royalistes et gallicanes.

En 1604 les Jésuites avaient inauguré leurs différents cours provisoirement installés dans les salles du Château neuf. Mais des constructions plus vastes s'élevèrent successivement et formèrent le magnifique établissement que nous montrons avec orgueil aux visiteurs étrangers.

La Flèche qui n'était qu'une espèce de bourgade, quand La Varenne en avait été nommé gouverneur, élevait partout des maisons grandes et petites, pour recevoir le surcroît de population que le renom grandissant de son collège lui attirait de toutes parts. La Varenne avait réparé, dans une certaine mesure, les ruines du vieux château, il avait fait élever ou restaurer en majeure partie l'enceinte bastionnée de la ville, dont le cours de la douve et quelques débris accusent encore l'étendue. Les rues avaient été pavées, le pont de Carmes construit, et enfin on bâtissait dans la Grande-Rue ou rue du Château, là où est la poste aux lettres, cette magnifique habitation de Fouquet, l'une des plus somptueuses du royaume, dont il ne reste que les pavillons et les douves.

Sortie des terreurs de l'an mil, la chrétienté, dit Raoul Glaber, s'était couverte comme d'un blanc manteau d'Eglises. Pareil phénomène se produisit au 17me siècle. Après cette grande commotion des luttes religieuses, on vit le catholicisme reprendre sève et s'affirmer par la création d'ordres ou comme on disait alors de NOUVELLES RELIGIONS. La Flèche se couvrit de chapelles et de couvents.

A cette époque il n'y avait point de quais ; la seule entrée de la ville du côté du pont était par la rue Basse. Dès les premiers pas on trouvait la chapelle des Carmes, et à côté, celle de Sainte-Catherine. D'abord installés rue du Rempart ou des Vieux Carmes, maison Bodin, ces religieux avaient cédé la place à quatre visitandines et s'étaient transportés (1620) au vieux château, qui leur avait été en partie cédé par Louis XIII, à condition de débarrasser le lit de la rivière intercepté par les effondrements des murailles. Rue Fontevrault on passait devant la maison de l'abbaye royale de ce nom ; à côté de Saint-Thomas, l'hôpital, desservi par les religieuses hospitalières de Saint-Joseph, dont le tribunal occupe de nos jours la chapelle. Derrière le pré Luneau, là où s'étend la place Neuve, les Récollets, qui appelés par Mme de La Varenne, du bourg de Précigné, avaient sans façon pris la place des Cordeliers un jour de Fête-Dieu, pendant que ces derniers étaient à la procession.

Tout à côté — maison de M. Houdemon — les religieuses de Saint-François ; l'Election et la Prévoté dans un corps de logis attenant ; au bout du faubourg, le Prieuré de Saint-Jacques ; celui de Saint-André ; Notre-Dame des Vertus ; la Magdeleine, maison de filles repenties qu'ont remplacées les dames Ursulines ; la petite école, tenue par quelques ecclésiastiques dans la maison actuelle des Frères ; les Jésuites ; les halles occupant à peu près toute la place du marché au blé. L'Hôtel de Ville dans de pauvres maisons ; et, attenant, le Présidial tout aussi laid ; l'Ave dans la rue de ce nom ; la Visitation, hôpital actuel ; rue Belle-Borde le petit Saint-François, tel que vous le voyez, avec sa porte surmontée d'un auvent, la Vierge fleurie dans sa niche et la pierre commémorative de l'inondation qui vint laver son seuil.

A l'angle nord-ouest du jardin du petit Saint-François, là où nous avons tous vu une mare entourée d'osiers et de saules était — je vous en demande pardon mesdames, — le logis du bourreau. Les dames visitandines, que cette maison offusquait, en firent l'acquisition et la démolirent, en même temps qu'elles achetaient en face une vieille auberge, à l'enseigne DU RENARD, pour y loger leur directeur. Un peu plus loin, à l'autre extrémité de la rue nouvellement percée, les Capucins — maison Douay; — le Mail longeant tout le faubourg des Bancs, qui commençait à se bâtir d'un seul côté.

Voilà La Flèche dans la première moitié du siècle. Comptez les maisons religieuses, ajoutez les prieurés et vous comprendrez aisément qu'on ait donné à votre ville le surnom de SAINTE FLÈCHE.

Le Présidial, je viens de le dire, après avoir tenu ses audiences au rez-de-chaussée du Château-Neuf, s'était installé rue des Quatre-Vents. Le personnel de judiciature était très nombreux. Au Présidial seulement il comptait un président, trois lieutenants, un assesseur criminel, deux avocats et un procureur du roi, sept conseillers, des greffiers, commis, huissiers. La Prévôté, le Grenier à Sel, l'Election et l'Hôtel de Ville fournissaient des magistrats en proportion.

Le collége, comme cela se voit encore de nos jours, attirait dès les premières années du 17e siècle une population flottante de familles qui venaient se fixer près de leurs enfants pendant le cours de leur éducation. La colonie étrangère était également nombreuse, et l'on sait d'une façon certaine qu'il y avait au moins trente Anglais logés chez les bourgeois. (Voir l'abbé Auvé cit. plus bas.)

Des régents, ecclésiastiques pour la plupart, louaient des maisons dans la ville et dans les faubourgs et recevaient en pension les jeunes gentilshommes de diverses provinces. C'est ainsi que nous voyons dans les OEconomies Royales de Sully qu'on trouva trace d'un complot contre la vie du roi, ourdi par les sieurs Médor, d'Avranches, et du Cros, auvergnats qui entretenaient des pensionnaires de Normandie et de Bretagne, le premier près de l'hôtel des Quatre-Vents, le second à la Croix du Pâti. En ce temps là, on ne parlait pas encore d'instruction obligatoire, mais les ordres religieux et en particulier les Jésuites avaient résolu le problème de la gratuité absolue. Aussi les moindres fils d'artisans en profitaient, et il n'était pas rare de voir des maîtres cordonniers, boulangers ou autres, qui avaient fait toutes leurs classes, soutenu leurs thèses en théologie et philosophie. Les nombreux corps de métiers avaient reçu de Fouquet de La Varenne des chartes constitutives. Ils formaient d'amiables confréries, toutes fières de leurs bannières et de leurs blasons dont quelques uns nous ont été conservés. Par exemple, les cordonniers *portaient d'azur à trois formes d'or, posées une et deux*; les orfèvres, *d'azur, à trois assiettes d'argent, posées deux et une!*

Les toiles et les étamines pour les communautés, les chapeaux pour les écclésiastiques (il y avait seulement à Saint-Thomas 15 prêtres et plus de 150 au collége) et pour la bourgeoisie alimentaient l'industrie locale. Mais à ces premiers éléments de prospérité matérielle, il s'en ajouta en peu de temps un autre qui prit une extension vraiment remarquable, je veux parler de l'imprimerie et de la librairie.

Figurez-vous que tout le long des bâtiments du collége on avait dressé des échoppes, où se tenaient les libraires qui louaient à beaux deniers, le droit de débiter aux écoliers les classiques dont ils avaient besoin. Nous avons les chiffres des baux qui constituaient un certain reveau au PP. Jésuites. Mais en outre, les maisons de l'ancienne rue de la Cure étaient occupées par d'autres librairies plus considérables ou des ateliers d'imprimerie. Très vraisemblablement, la maison de M. Chicoisne récemment abattue était habitée par Griveau. Rezé demeurait dans la rue Neuve. Mais ces deux éditeurs si connus du public lettré d'alors, ne dédaignaient pas d'avoir à la porte du collége leur échoppe comme les confrères.

Voici un certain nombre de noms des échoppiers du temps: Guillaume; Martin et Bernard Guiot; Jean Picart; Pierre Leroy; Julien Mauboussin; Souchard; Magdelaine Rezé; Charles Piron; Philippe Marie; Adrien Chapelet; Pierre Gasnier; René Esnault.

Ce petit monde de régents, d'hommes de justice, de religieux; nobles, bourgeois et écoliers ne vivait pas toujours en parfaite harmonie. La gent écolière était fort turbulante; les notes manuscrites des RR. PP. sont pleines de doléances à ce sujet.

Un millier de jeunes gens, la plupart escortés de leurs domestiques, devaient singulièrement animer des rues que nous trouvons si calmes à cette heure.

En outre, la ville était à peu près partagée en deux partis de forces égales: les Gallicans et les Ultramontains.

Dès les premiers temps de leur installation à La Flèche, les PP. Jésuites rencontrent dans le corps de ville, au Présidial et parmi la Bourgeoisie, une opposition dont on constate à chaque instant la trace. Une première fois elle s'était montrée à l'occasion de l'entrée solennelle du cœur de Henri-le-Grand, que les PP. Jésuites et Fouquet de La Varenne apportèrent à La Flèche le vendredi 4 juin 1610.

Pour cette fois ce fut particulièrement entre les RR. PP. et le clergé de la ville que le conflit éclata. Il devait se renouveler avec scandale à l'arrivée du cœur de Marie de Médicis (13 avril

1643), (1) mais cette hostilité, d'une notable partie de la ville, se manifesta d'une façon tout à fait malveillante pour un droit de pêche dans les douves mêmes du collége, que prétendit exercer le gouverneur en sa qualité de seigneur de la terre de La Varenne.

Guillaume Fouquet était mort en 1616; son cœur avait été placé au-dessous de celui de Henry IV, son bienfaiteur, dans l'église du collége. Les Jésuites, quoi qu'ils aient pu dire depuis, n'avaient pas toujours vécu en bonne intelligence avec lui. Les apparences avaient été à peu près sauves, voilà tout. Mais ils avaient vite oublié la part prise par lui à leur rappel, et insinuaient à tout propos que non content d'avoir été récompensé par le Roi, il s'était en outre payé de ses propres mains, en faisant bâtir, ou à peu près, son logis de La Flèche avec les matériaux destinés à la construction du collége. Les choses s'envenimèrent du vivant du fils, René Fouqué de La Varenne, d'un caractère hautain et violent semble-t-il.

La pêche des douves ne fut évidemment qu'un prétexte choisi par René Fouquet pour rompre avec les Pères. Il en résulta une véritable petite guerre, Iliade grotesque, qui tint longtemps la bonne ville en émoi.

Voici, d'après le mémoire des PP. Jésuites, dans quels termes préliminaires ils vivaient avec M. de La Varenne :

« M. de La Varenne, contre l'exprez commandement que luy fit feu M. son père devant sa mort, a recherché et embrassé toustes les occasions qu'il a peu de nous tesmoigner de l'aliénation et malveillance et nous rendre du desplaisir. »

« Il refuse de nous payer douze mille livres que feu monsieur son père nous avoit laissé par testament. »

« Les titres les plus honorables qui nous donne d'ordinaire es compagnies sont de *vendeurs* de papiers et escritoires, pedans, gens de neant, Espagnols, tueurs de Roys, auxquels nous n'avons reparty que par patience, pour ce que nous cognaissions son humeur si portée au mespris et mesdisance que souvent en sa passion il n'espargne mesme pas les puissances supérieures. »

Au marché, le maître d'hôtel de La Varenne allait jusqu'à arracher le plus beau poisson que voulaient acheter les frères lais du Collége. Les domestiques, naturellement, prenaient modèle du maître. « C'est avec eux que les jeunes gens envoyez ici pour estudier apprennent à yvrogner, jurer, courir les rues, chanter

(1) Les torts, il faut l'avouer, furent en ces deux occasions du côté des Jésuites.

devant notre porte et des personnes de qualité, des chançons composées contre l'honneur des plus sages. »

« Messieurs de la justice et de la ville ont reçu nos plaintes mais sans effect et ont dict qu'ils en souffraient eux-mesmes bien d'autres. »

La guerre devait éclater. Le marquis envoie ses gens pêcher dans les douves, et même prendre le poisson déjà pêché par les domestiques des bons pères.

Le père Pasquier, procureur, va trouver le marquis, *« et aprez quelques plaintes douces et modestes »* de cette violence, lui fait offre de toute la maison « pourvu que ce feust sans prestention d'aucun droit de sa part ni préjudice du nostre. »

« Ce bon seigneur le renvoie fort brusquement, commande de sortir de son logis pour conclusion et dict que s'il n'avoit la justice il auroit la force. »

« Et de faict à quelques jours de là envoie trois de ses hommes pescher en nos fossez. Un de nos frères laies, cuisinier, prenant la chose trop chaudement, jette deux ou trois pierres dont quelqu'une atteint l'un des pescheurs, sans blessure, grâces à Dieu. » — Des pères étant survenus là-dessus, reprennent fort aigrement ce frère, le désavouent et lui infligent une punition comme il le méritait. »

En même temps, le père procureur montant en bateau, crie aux domestiques du marquis qu'il aura toutes les satisfactions raisonnables; mais au nom du roi, s'oppose à leur entreprise et coupe quelques mailles de leur filet « comme les gens de justice avoient conseillé. »

« Voilà le premier choc où leur avant-garde se retira et nous quitta le champ de bataille sans toustefois avoir été bastus. »

Mais le marquis assemble ses gentilshommes, arme plus de deux cents personnes de la populace « de bastons à feu, piques, pertuisanes, etc. » Le procureur du roi défend en vain tout haut dans les rues et carrefours de prendre les armes contre le service du roi; il n'est point assisté du lieutenant-général, et les PP. Jésuites ferment le collége et sonnent le tocsin.

« Les maire et eschevins nous viennent dire — je continue d'analyser le mémoire — qu'ils n'ont point de puissance contre monsieur le marquis et nous exhortent à céder à la force. Nous y estions bien contraints. En mesme temps paraissent bien cent ou six vingts arquebusiers et mousquetaires conduits par le sieur de la Lisardière. » Le marquis marche en avant, l'épée au poing, avec ses gentilshommes.

« Les autres gens d'armes furent mis dans le faubourg, nous

ne savons pourquoy, sinon que des amis de monsieur le marquis, honteux de cette équipée contre des religieux qui n'avoient pour armes offensives et deffensives que leur brévières et chapeles, avoient retiré partie des soldats pour les empescher de paroistre. »

« Les clostures sont rompues, les soldats pénètrent dans le parc et la populace à leur suite. Ainsy ils vont pescher iusques dans le vivier des pensionnaires et prennent en trois coups pour environ dix sous de petits poissons et une vieille pantouffle. »

Un nommé Bourgalet crie tue, tue, assomme, contre un écolier qu'il voit avec un petit bâton, mais les pensionnaires avaient été prudemment renfermés, quoique le Procureur du Roi eût voulu qu'on les fit sortir contre les gens du marquis. « Ainsy donc plus « chargés de honte que de poisson et faschez de ce que tout notre « monde avait esté plus sage qu'ils ne désiroient, ils s'en retour- « nent à la garde de Dieu. »

Mais le collége reste fermé pendant trois jours et il faut que MM. de la ville viennent supplier les PP. de le rouvrir et leur délivrent un acte par lequel ils les prennent au nom du Roi en protection jusqu'à ce que Sa Majesté avertie du tout daigne pourvoir à ce que dit le mémoire : « Sans péril, ni outrages « semblables nous la servions et ses subiets en sa royale maison. »

De là procès. Mais les pauvres pères ne peuvent plus compter même sur les amis qu'ils ont à la maison de ville, ou au Présidial. « Nous aurions trop de tesmoings, dit le mémoire, si la puissance « dudict sieur marquis, ses menaces et de ses domestiques et « affidez ne fermoient la bouche à la plus grande partie. »

Sur une liste de treize magistrats de ceux « *qui peuvent plus « sincèrement informer* » on trouve, à côté de six noms, des notes marginales ainsi conçues : « absent; n'a voulu rien dire; ne le « faut ouïr; ne savent rien » et en forme de conclusion : « Vray « est que la plupart ne pourront parler du fait de la pesche que « par ouy dire, car ils se renfermèrent dans leurs maisons, ou « s'en allèrent aux champs. »

Vous avez là un exemple de la force des institutions féodales, onze ans après l'entrée de Richelieu au ministère, et du peu d'indépendance laissée à la magistrature de province.

Je note en passant que Deniau, l'un des conseillers restés fidèles aux Jésuites, devait figurer deux ans après parmi les juges d'Urbain Grandier.

Après enquêtes; arrêts du conseil; épuisement de toutes les formalités judiciaires; entremise de M. de Montbason et de M. le Prince (père du grand Condé) qui prononça lui même un jugement auquel La Varenne ne voulut pas se soumettre, les choses après quatre ans (1634) n'en étaient pas plus avancées.

A première vue il nous semblerait que les PP. Jésuites étaient parfaitement fondés à ne pas admettre l'exercice de la pêche dans une maison qui leur avait été cédée par le roi; mais le droit féodal avait tant d'obscurités!

Les Pères avaient pourtant dépêché un des leurs, le P. Seguiran auprès du Roi Louis XIII, alors à Troie en Champagne. Il vit le roi; fut reçu, dit-il, « *sitôt que j'eusse quitté la botte* » et seul à seul, dans la ruelle du lit, déduisit à S. M. tout ce qui s'était passé dans cette affaire, « *de quoi le Roi demeura estonné que rien* « *plus.* » Le Père obtint une lettre du Roi pour le marquis — fort raide certes — une autre de M. d'Effiat, ministre d'état, à la même adresse, plus cent écus « *qu'il n'avoit pas demandés.* » Ajoutons une ample provisions de bons mots de MM. les courtisants qui, se réglant sur le maître, n'épargnèrent pas les quolibets à La Varenne.

Des lettres étaient venues à La Flèche; on répétait que l'ambassadeur des Jésuites avait été fort mal accueilli. Le P. Séguiran fait un même paquet de ces faveurs royales et des méchancetés des Seigneurs de la cour et envoie le tout au P. Recteur de La Flèche.

« Je ne doute nullement que M. le marquis de La Varenne ne fasse courrir divers bruits à son avantage, lesquels sont aussi éloignés de la vérité que le ciel de la terre; ce n'est pas d'aujourd'hui que les gens du monde, pour mieux couvrir leur jeu, font bonne mine et mauvais jeu. »

Et le trait du Parthe : « Quelqu'un en ma présence a dit à Sa « Majesté que le sieur de La Varenne n'avoit pas eu le cœur de « se trouver au siège de la Rochelle, mais avoit bien eu le cou- « rage d'assiéger le collége de La Flèche, et que pendant que la « plupart de la noblesse de France alloit pour servir Sa Majesté « en la guerre d'Italie, lui alloit à la GUERRE DES GRENOUILLES. »

Pour en finir et obtenir la paix, les Jésuites consentirent à désintéresser le marquis moyennant une somme de mille écus.

—

Il me reste à vous parler d'une autre querelle dont fut particulièrement émue la République des Lettres... fléchoises. Mais il y a des noms que je ne saurais passer sous silence et quelques menus faits qui vont servir d'intermède.

A voir le grand nombre d'hommes illustres, ou simplement distingués par leurs talents et leur savoir qui sont sortis au XVIIe siècle du collége de La Flèche, on ne peut s'empêcher de rendre avec Descartes, le premier entre tous, hommage au mérite transcendant des PP. Jésuites comme éducateurs de la jeunesse. Le maréchal de Guébriant, Eugène de Savoie, le père Mersenne, le chancelier Voysin, Séguier et tant d'autres, voilà les élèves que firent les PP. Noël, Sirmond, Petau, Musson, Caussin, Mairat, Mambrun, Ducerceau, Lemoine.

La jeunesse fléchoise ne peut manquer de subir l'influence du milieu dans lequel elle est élevée et fournit son glorieux contingent de célébrités contemporaines. Le Royer de la Dauversière, que M. de Montzey vous a fait voir, consacrant sa fortune à des fondations charitables; envoyant jusqu'au Canada une colonie où revivent de nos jours les noms fléchois et qui de Montréal renvoie à la maison mère de La Flèche les enfants des plus nobles familles de cette France d'outre mer.

Jousse, l'ingénieur; Loyer, le géographe; Picard, l'astronome; le médecin de La Forge; le mathématicien Sauveur; et ce père Le Vacher, à la fois missionnaire et consul à Alger, si célèbre par son affreuse mort.

En 1614 le petit roi Louis XIII et Marie de Médicis viennent visiter la Flèche. On leur fit une comédie d'Ecoliers; le futur maréchal de France, Bude de Guébriant menait la danse. A Malicorne, les Folets eux-mêmes s'en mêlèrent. « La nuit que le roi « y fut, dit Bassompierre, il parut en une prairie plus de huit « cents feux qui avançoient et reculoient *comme si c'eût été un « ballet.* »

Six ans plus tard les choses étaient bien changées : la guerre était ouverte entre la mère et le fils.

Marie de Médicis revient d'Angers à La Flèche, mais pour s'emparer de la ville et du château; puis elle marche sur le Mans, est arrêtée à Sainte-Suzanne par René Fouquet de La Varenne, et obligée de regagner Angers.

Le 4 août de la même année Bassompierre amène à La Flèche une armée au roi Louis XIII. « Je partis, dit-il, de Guéceslard, « ayant donné rendez-vous, à huit heures du matin, à l'armée, « en la plaine du Gros-Châtaignier, proche de La Flèche, laquelle « je mis en bataille.

« Le Roy y arriva après dix heures, qui la vit et la trouva « très belle et bien complète, au-delà de ce qu'il attendoit; car, à « la montre, il fut compté huit mille hommes de pied, et davantage « en rang, et six cents bons chevaux sans les compagnies de la « Reine, celles de Guise et de Joinville, celles de Nemours et de « Mestre de Camp. » (T. III, p. 191.)

Quatre maréchaux furent faits à La Flèche : Trainel, Créqui,

Nérestan et Bassompierre. Après y avoir séjourné le 5, le Roi, s'impatientant de ne point recevoir les propositions de sa mère partit le lendemain.

La paix qui devait être signée dans notre ville, le fut aux Ponts-de-Cé le dix.

A côté de l'histoire l'anecdote.

Le 31 mai 1648, le roi des Halles, M. le duc de Beaufort, s'étant échappé du donjon de Vincennes se rendit lui quatrième en toute diligence dans le pays d'Anjou, et demeura quelque temps caché dans le presbytère du curé de La Flèche, jusqu'à ce que les troubles de la Fronde lui permissent de revenir dans la capitale. (*Hist. du donjon et du chât. de Vincennes*, par L. B., 1807, p. 111, T. IIe.)

En l'année 1671, Monsieur d'Angers écrivit à Monsieur son frère (le grand Arnauld) qu'il désirait fort de le voir. Il y avait plus de vingt ans qu'ils ne s'étoient vus. Au mois de septembre, M. Arnauld partit de Paris dans le carosse de Mme Angran, avec M. Nicole et un autre ami. M. de Liancourt fit écrire à son sénéchal, à Durtal, de recevoir M. Arnauld et d'envoyer au-devant de lui, avant qu'il arrivât à La Flèche. Après diné, M. Arnauld et sa compagnie allèrent voir le collége des Jésuites. Les Pères les reçurent fort honnêtement : ne les connoissant pas, ils demandèrent au fils du lieutenant général, qui menait M. Arnauld, qui il était. Il leur dit que c'était M. Arnauld qui allait voir Monsieur l'Evêque d'Angers. Ces Pères témoignèrent qu'ils étoient très fâchés de ne l'avoir pas sçu, « parce qu'il lui auraient fait plus d'honneur et donné la collation chez eux. » (*Relation de la Retraite de M. A.*, p. 65.)

—

La vie municipale était très intense au moyen-âge, et jusqu'à Louis XIV, les villes conservèrent des privilèges et franchises qui en faisaient de petites républiques. On en était fier et c'était à qui relèverait le lustre de sa co-bourgeoisie, naturellement en dépréciant celle des voisins. De là les dictons, les épigrammes qui s'attachaient aux noms des villes et à leurs habitants, et dont les mémoires trop fidèles conservent encore le souvenir.

Les Fléchois, je vous en demande pardon, n'étaient pas mieux traités que tant d'autres :

« Ventre de son et bas de soie,
« L'air d'un dindon, l'esprit d'une oie,
« Grossier de mœurs et de patois,
« Tel est le portrait du fléchois ! »

Il n'est pas flatté.

On disait surtout : les Barons Fléchois, les Copieux, et encore : habit de velours, ventre de son. Il y a quelque temps, M. le docteur Savardan, l'un de vos compatriotes, demandait, dans l'*Intermédiaire des Chercheurs,* l'origine de ces méchants sobriquets.

Un instant j'ai eu la pensée de répondre, mais malgré les renseignements qui me sont venus depuis, je n'oserais pas tout-à-fait trancher la question, et je viens exposer devant vous les pièces du procès.

Il y a une première version extraite des notes du chirurgien Ch. Boucher, celui-là même qui a recueilli pieusement les cendres du cœur de Henri IV. Il est cité par J. Clère.

« On ne trouve aucun titre de la baronnie de La Flèche; cependant on raconte que Jeanne d'Albret ayant un pressant besoin d'argent, mit en vente la baronnie de La Flèche. Trois bourgeois désirant porter un si beau titre et le transmettre à leurs enfants, se présentèrent et l'acte fut passé moyennant leurs pistoles. L'année d'achat leur parut longue, ils craignaient le retrait. Enfin le terme heureux arriva et les trois barons se pavanèrent; mais ils ne jouirent pas longtemps de leurs honneurs. Il leur fut signifié que Jeanne d'Albret n'avait pas le droit d'aliéner le bien de son fils Henri IV, et il fallut que nos trois fléchois obéissent; ils redevinrent bourgeois de barons qu'ils étaient. Mais il en arriva comme à la femme du *pot au lait,* l'histoire en fut tournée en risée, le surnom de barons resta, et il s'étendit même et fort injustement au général des habitants. » (*Note manuscrite de Ch. Boucher.*)

La tradition populaire ajoute qu'à son entrée dans la ville de La Flèche Henri IV fut requis par les Barons fléchois de confirmer ce titre de la vente consentie par sa mère, et qu'il répliqua avec un jovial sourire : « Barons?... ventre-saint-gris, vous l'êtes tous, mes amis! »

L'abbé Auvé, né à La Flèche, dans les dernières années du XVIIe siècle, et par conséquent très rapproché des origines fléchoises, écrit ce qui suit, dans un manuscrit dont Pesche a eu connaissance.

RÉPONSE A LA LETTRE DE M. LE MARQUIS DE CHIFFREVILLE

Au sujet des Copieux et des Barons fléchois.

J'ay lû avec plaisir, dans la lettre que vous m'avés fait l'honneur de m'écrire, votre joly commentaire sur l'origine du titre de Barons et de Copieux qu'on donne assez ordinairement aux habitans de notre ville de

La Flèche. Vos conjectures sont des plus ingénieuses et il n'y manqueroit rien s'il s'y trouvoit autant de vérité comme il s'y trouve d'esprit ; mais, puisque vous voulés savoir la véritable origine de ces deux sobriquets, je commencerai par le premier : il fut donné aux fléchois à l'occasion de la dispute de deux poëtes, dont l'un nommé Foussard estoit de notre ville ; son antagoniste estoit un précepteur de notre collége. Je ne vous dirai pas sa patrie, encore moins son nom que je crois mort avec ses ouvrages. Quoy qu'il en soit, chacun de ces poëtes à part se croyait un Apollon. En quoy ils se trompaient fort ; mais on dit qu'ils pensoient plus juste dans le mépris qu'ils avoient l'un pour l'autre, car ils se déchiroient sans cesse. Le poëte fléchois trop enflé de l'alliance de sa grande tante avec le seigneur marquis de La Varanne favory d'Henry IV ne chantoit que le roy et les héros modernes de sa race. Il estoit fauxfilé avec le seigneur baron de La Varanne et quelques petits maîtres de notre ville qui croyant devoir aller de pair avec ce seigneur, se ruinoient en belles dépenses. Les autres fléchois plus sages, nommoient par dérision cette cotterie *l'assemblée des Barons* ; et le poëte pedant pour se venger de quelques satyres que le poëte fléchois avoit faites de ses ouvrages, fit une comédie sur les barons fléchois ou Foussard estoit joué sous le nom du héros. Elle fut même, dit-on, représentée à la cour et fit beaucoup rire le roy, à cause surtout de son style risible ; mais comme les choses qui ne plaisent que par le ridicule ne plaisent qu'une fois, le poëte eut le chagrin de voir son ouvrage périr en naissant. Mais il a toujours eu l'avantage que le nom de Barons fléchois en est demeuré à tous les habitants de notre ville, et que depuis on a toujours confondu ceux mêmes qui avaient donné le sobriquet avec ceux qui l'avaient mérité. Ainsy en renchérissant sur la licence des poëtes qui permet quelquefois de prendre la partie pour le tout, par une licence plus que poëtique on a pris ici le tout pour la partie.

A l'égard du nom de Copieux la source en est plus ancienne : elle a commencé avec notre ville. Vous savés peut-estre que lorsque Henry le Grand la fonda, il y créa à même temps un présidial et d'autres juridictions qu'il fallut remplir d'officiers, et pour cest effet, il fut obligé d'y attirer des magistrats et des familles entières de diverses provinces pour remplir cette nouvelle colonie et pour rendre plus célèbre un petit endroit qui avait déjà l'avantage d'estre le lieu de sa conception. Toutes ces familles se réunirent ensemble dans un petit lieu avec l'antipathie ordinaire entre les peuples de ces différentes provinces. On se critiquoit les uns et les autres sur le langage, sur les coutumes et sur les façons de vivre. En un mot pour me servir du même terme on se *copiait* en tout et par tout où l'on se trouvoit. C'est cette petite guerre de nation qui fit donner à ces nouveaux habitants le nom de *Copieux*. Et ce nom ne nous vient point comme vous le pensés de ce que l'on critique ici les étrangers plus qu'ailleurs, au contraire on y a pour eux toutes sortes d'égards et de distinctions et c'est pour cela même qu'ils s'y plaisent beaucoup ; puisque d'anglois seuls on en a vû jusqu'à trente à la fois, en pension chés les bourgeois.

Enfin j'ai pu mettre moi-même la main sur un document précieux qui, s'il ne donne pas le dernier mot, met assurément sur

la voie de la vérité. C'est un livre auquel il manque le titre; par conséquent sans lieu ni date, mais imprimé après 1665, et probablement à La Flèche, On lit en tête de la première page : *Règles des vers françois par M. Du Vau-Foussard, pour servir d'instruction au petit poète Oronte, autheur de la Farce des Barons Fléchois.*

Je vais tâcher de vous exposer aussi brièvement que possible ce que j'en ai pu tirer de renseignements sur le point en litige.

Il y avait en ce temps-là à La Flèche un cercle de petits maîtres, assez épris de leurs talents et beaucoup plus infatués encore de leur soi-disant noblesse; je citerai M. de La Jupillière, M. le comte du Bel-Air, le seigneur de Pescheseul. Le parangon de cette société, M. Du Vau-Foussard, qui tirait vanité de sa proche parenté avec *Monseigneur le Gouverneur*, avait fait admettre dans les réunions un précepteur du collége, nommé P. Gauthier, fils d'un marchand drapier de la rue Saint-Honoré, à l'enseigne du *Château de Milan*, et marguillier de la paroisse de Saint-Germain-l'Auxerrois.

Du Vau-Foussard avait chanté l'*incomparable Lucie*, une belle fléchoise que je soupçonnerais fort avoir été madame la comtesse de la Luzerne, et Gautier s'était permis une épigramme à ce sujet. De là, fâcherie entre les deux poëtes. Mais on s'était raccommodé, quand le Parisien, sous le voile de l'anonyme, cette fois, lança dans le public fléchois une satyre à l'adresse de Du Vau-Roussard; puis il part de La Flèche, laissant des dettes et son épée en gage. Il se fait recevoir avocat à Paris; se vante d'être fort avant dans les bonnes grâces de M. Omer Talon; et obtient un bénéfice, le prieuré de Fontenay-les-Roses.

Pendant son séjour à La Flèche, P. Gautier avait déjà fait « *gémir la presse de ses folies.* » A Paris, il publie plusieurs ouvrages dont les titres ne nous sont point parvenus. Foussard y fait allusion en divers passages : « Je n'entreprens pas la censure de votre liure. » Et encore : « Vous auiés, Oronte, cent jolies choses à dire contre moy, au lieu de ces inuectives grossières dont vous remplissés plusieurs volumes, et qui ne sentent que le crocheteur et la harengère »

Enfin, il fait jouer à Saint-Germain, devant la cour, la Farce des Barons Fléchois (1). Du Vau-Foussard y a le principal rôle. Il faut donc qu'il se défende, et ma foi, Messieurs, s'il faut vous dire mon avis, ce n'est pas toujours sans à-propos.

(1) Chez C. Blageant, rue de la Vieille-Bouclerie, au bout du pont Saint-Michel, *A la Reyne des Reynes*. S. D.

Il fait preuve de savoir et de goût dans la critique littéraire, à laquelle pourtant il donne trop d'importance, car Oronte (c'est le nom de guerre de P. Gautier) ne mérite pas d'être pris au sérieux. Puis, lorsqu'il l'entreprend sur les travers de sa personne et ses défauts de caractère, à côté des niaiseries que lui souffle sa superbe nobiliaire, il se rencontre plus d'un trait non dépourvu de sel.

Du Vau-Foussard l'a reçu à sa table, l'a obligé de sa bourse et prôné parmi ses amis. A tous ces bons procédés il répond par des injures : c'est un cuistre ; l'affaire est jugée.

Mais Du Vau-Foussard, qui se pique d'être un gourmet, ne saurait lui pardonner ses fautes grossières contre la grammaire et la prosodie.

Pour sa baronnie, notre fléchois y tient ; c'est évident : « le ne sçay, dit-il, si parmy vous, Messieurs les *Badaux* (sobriquet des Parisiens), on use si librement du bien d'autruy, mais chés nous autres, barons fléchois (car vous sçavés que nous le sommes et qu'on ne nous recherche point pour cette qualité comme on a fait pour les faux nobles), — (allusion aux recherches de Montfaut) — vn larcin d'esprit seroit puni rigoureusemét. »

Voilà qui donne une haute idée de la législation du Parnasse fléchois !

Dans une scène de la Farce des Barons, Gautier a fait allusion au *Ventre de son* :

CLIDAMIS.

« Il a donc des moyens autant et plus que trente ?

CLITANDRE.

« Je crois qu'il peut avoir deux cens livres de rente.

A quoi Foussard répond : « Oronte, le bien ne fait pas l'honnête homme, il est de grands marauts qui en ont plus que vous, tout le bien dont vous vous vantés ne feroit pas vn baron tel qu'est le moindre fléchois. »

Quant au sobriquet de COPIEUX, il y est.

« Oronte, le temps nous presse; et le Carrefour des COPIEUX, où vous auės été si bien berné, attend avec vne juste impatience les derniers traits de vôtre Portrait et la fin de mes censures. »

On trouvera plus loin encore une allusion à ces réunions du Carrefour où l'on faisait le portrait des gens, où ils étaient copiés et bernés.

Le voisinage du Présidial me ferait croire que les Copieux se donnaient rendez-vous sur le passage des hommes de loi, à ce que nous nommons maintenant le Grand-Carrefour.

Il me semble, sauf production de nouvelles pièces, qu'en conciliant l'abbé Auvé et Ch. Boucher, on pourrait arriver à cette conclusion que bon nombre de hoberaux, amis et compagnons de jeu du jeune Baron de Ste Suzane, (1) bretteurs, beaux esprits et vaniteux à l'excès, se targuant d'un titre dont on ne trouve d'autre preuve que dans une obscure tradition, ont valu aux Fléchois les deux sobriquets qu'on répète encore avec malice.

Je ne puis ici entrer dans une analyse plus détaillée de la Farce de P. Gautier, que Du Vau-Foussard nous fait connaître seulement par des extraits peu propres à faire beaucoup regretter le reste.

Voici comme échantillon une tirade contre tous les Fléchois « en gros » :

« La générosité ne loge pas chés eux ;
« Et si on leur reproche vne filouterie,
« Ils disent hautement que c'est galanterie,
« *Comme ils sont tous parens, tous amis, tous filoux*,
« La lâcheté de l'vn est l'ouurage de tous ;
« Châcun *au Carrefour* entreprend et s'aplique,
« Pour mettre à qui mieux mieux ce métier en pratique.

Pour nous venger de ces méchancetés, je vais vous lire en finissant, Mesdames, la critique que fait Du Vau-Foussard de certains vers d'Oronte à l'adresse du beau sexe.

Le passage est un peu long, je vous en préviens; mais il pourra vous servir de termes de comparaison entre nos deux poëtes et rendre plus facile le jugement que je voudrais obtenir de vous.

« Cette nymphe poussoit des soupirs et des flammes,
« Qui arrachoiet des pleurs des beaux yeux de nos dames,
« Car ce sexe imbécile (et dont vous n'êtes pas,
« Madame) de la Belle regrettoit le trépas,
« Mais s'il est d'esprit foible, qu'il est puissant en charmes,
« Puisque tous nos Héros y soumettent leurs armes.

« Vous pensiez estre au cabaret, Oronte, lorsque vous aués « fait ces vers où vous perdés le respect que vous deués aux Da- « mes. Quoy donc? vous flattés vne femme en médisant des « autres. Quoy? vous soûtenés que ces Dames, qui sont la plus « aimable partie du monde, qui sont le plus bel ouvrage de la « Nature, et qu'on peut appeller les petites Diuinités de la terre, « puisque les hommes les adorent, sont imbéciles et d'esprit

(1) Fils de R. de La Varenne.

« foible. Vôtre mépris est-il raisonnable pour vn sexe à qui nous « faisons la cour? si vous doutés de sa noblesse, de sa dignité et « de sa force, nous sommes donc plus foibles que la foiblesse « mesme, de nous y assujetir. Désabusez-vous, Oronte, l'Esprit « et le jugement n'ont point de sexe affecté. Pour l'Esprit s'il est « constant que la pureté du sang coucourt à sa viuacité, certes le « temperament des Dames étant le plus delicat, leur esprit doit « estre le plus subtil, le plus ingenieux et le plus brillant. Ouy « sans doute, cette complexion tendre et délicate des Dames est « la plus disposée aux opérations de l'esprit, et si le vôtre était « bon, il reconnaitroit l'excellence du leur, et qu'elles ont en- « core la mémoire heureuse, l'imagination viue et le jugement « solide; car enfin ne vous imaginés pas que le jugement soit « opposé à ces autres qualités. La Nature ne leur a point été « injuste en la dispensation de ses tresors, et n'a pas fait la fem- « me belle pour la laisser stupide, ny aimable pour la faire fra- « gile, côme vous dites; aussi en voyons-nous qui sont si bien « pouruuës de tous ces auantages, que les hommes les plus vains « ne leur en contestent point la gloire. Si quelque belle vous « auait entrepris sur ce sujet, vous seriés obligé de vous soû- « mettre à la quenoüille. Ce que vous dirés du beau sexe ne « diminuera rien de son mérite, et le mépris d'un petit mignon « comme vous ne luy préjudiciera jamais. »

Il lui décoche encore ce trait en façon d'épigramme.

Le poëte parle aux douaniers du Parnasse :

« Vous qui prenés tribut de tous les gens d'esprit,
« Laissés passer auec franchise
« Oronte qui, sans contredit,
« N'a point de cette marchandise.

Mesdames, la galanterie de Foussard, n'eût-il pas été le défenseur des Fléchois, va vous ranger de son côté. Vous lui pardonnerez sa vanité, une marotte après tout bien innocente, en faveur de la haute opinion qu'il a de vous.

Songez..., il a été jusqu'à dire à Oronte que pour le latin les servantes de La Flèche pourraient lui en remontrer!

Avouons que nous sommes bien dégénérés : ce n'est plus là, Mesdames, le genre de savoir que vous exigez de vos cuisinières.

BIBLIOTHÈQUE NATIONALE IMPRIMÉS

LA FLÈCHE, IMPRIMERIE ET LITHOGRAPHIE BESNIER-JOURDAIN.

4

www.ingramcontent.com/pod-product-compliance
Ingram Content Group UK Ltd.
Pitfield, Milton Keynes, MK11 3LW, UK
UKHW022148260726
13993UKWH00005B/2231

9 782019 695040